LE *Petit Livre* DE LA SAGESSE CELTIQUE

Compilé par

GIULIETTA WOOD

Traduit de l'anglais par BERNARD DUBANT

GUY TRÉDANIEL ÉDITEUR
65, rue Claude-Bernard – 75005 PARIS

Edité en Grande-Bretagne en 1997 par
ELEMENT BOOKS LIMITED
Shaftesbury, Dorset SP7 9BP

Illustration de couverture: MS 58 fol. 202v
Trinity College Library, Dublin

Conçu et élaboré par
BRIDGEWATER BOOKS

ISBN 2-84445-125-X

L'éditeur veut remercier 'The Bridgeman Art Library', pour son autorisation de reproduire l'iconographie.

AVANT-PROPOS

Il n'est guère de culture qui ait autant la réputation de favoriser le sentiment poétique et la sagesse mystique, que la tradition celtique. Cette réputation est amplement méritée, malgré les exagérations de la renaissance romantique à cet égard: le vers celte, la prose celte, ont la capacité de véhiculer un sentiment puissant, au moyen d'images tirées du monde naturel, du code de conduite, et d'une riche mythologie. Les Celtes préféraient ne dire les choses qu'à demi, a-t-on avancé. Ce trait est très bien illustré dans le mélange caractéristique de poésie naturelle et de sagesse proverbiale - mais encore mieux dans les récits, avec leurs liens très alléchants entre l'action concrète et l'image symbolique. Bien que la signification exacte de ces images dans leur contexte original puisse nous échapper, elles peuvent être source d'inspiration pour un lecteur moderne pourvu d'une sensibilité de la même farine.

Les descendants contemporains des Celtes, les Irlandais, les habitants de l'île de Man et les Ecossais gaélophones, les Bretons, les Gallois et les Cornouaillais, ont été marqués et influencés par des histoires très personnelles. Aussi y a-t-il beaucoup de sortes de littérature de sagesse celtique, et les différences sont aussi importantes que les ressemblances. Le choix qui a été fait reflète cette variété, et invite à apprécier la diversité de la sagesse celtique.

Quelle créature Alpha a-t-il faite en
premier?
Quelle est la plus belle forme de louange que
le Seigneur a créée?
Quelle nourriture, quelle boisson?
D'où est venu son habit
Qui a affronté le refus?
La puissance de fourberie d'un pays
Pourquoi la pierre est-elle dure?
Pourquoi la corne est-elle pointue?
Qui est dur comme pierre et salé comme sel?
Pourquoi le nez est-il comme une crête?
Pouquoi la roue est-elle ronde?
Pourquoi la langue fait-elle plus de
déclarations
Que tout autre organe?

Hanes Taliesin
XVIè s.

L'homme est vieux quand il naît
et jeune après, jeune à jamais.

Livre de Taliesin

Comme le soupir d'Uther pour
l'amour d'Ygraine, la belle,
la splendide
Et le soupir de Kynor pour l'amour
de la merveilleuse fille d'Urien
Tel est le soupir du barde pour
l'objet adorable de son amour.

Triade Bardique

Le chevalier vint là où Arthur et Owain jouaient aux échecs. Et ils virent qu'il était soucieux et chagrin et fourbu quand il alla vers eux. Et le jeune homme salua Arthur, et lui dit que les Sicaires d'Owain tuaient ses jeunes gens et serviteurs. Et Arthur regarda Owain et dit: 'Retiens tes Sicaires'. 'Seigneur', répondit Owain, 'à toi de jouer'. Et ils jouèrent. Et le chevalier revint vers la querelle, et les Sicaires ne furent pas plus retenus que devant.

Le Rêve de Rhonabwy

Car c'est l'un de nos principes
Que rien ne périt, mais, (comme le
soleil et l'année) toute chose décrit
un cercle, petit ou grand, et est
renouvelée et rafraîchie dans
ses révolutions.

The Secret Commonwealth
XVIIè s.

Ô Seigneur donne ta bénédiction
Et dans ta bénédiction, la force.
Et dans la force, la compréhension
Et dans la compréhension, la connaissance.
Et dans la connaissance,
la connaissance de la vertu.
Et dans la connaissance de la vertu,
l'amour pour elle.
Et dans l'amour pour elle,
l'amour pour toute la création.
Et dans toute la création, l'amour de dieu
Dieu, et tout le bien.

Invocation Bardique de Iolo Morganwg

Et Oisin dit à sa femme: 'J'espère pouvoir être à Erin aujourd'hui pour voir mon père et ses gens.'

'Si tu pars', dit son épouse, 'et mets le pied sur la terre d'Erin, tu ne reviendras plus ici avec moi...'

'Cela fait trois cents ans', dit-elle, 'que tu es venu en ce royaume avec moi. Si tu dois aller à Erin, je te donnerai ce destrier blanc pour qu'il te porte; mais si tu tombes du destrier, ou que tu touches le sol d'Erin du pied, le destrier reviendra dans l'instant et tu seras là où il t'a laissé, un pauvre vieil homme.'

'Je reviendrai, n'aie crainte...', dit Oisin. 'Mais je dois voir mon père et mon fils et mes amis à Erin encore. Je dois encore avoir pour eux un regard'.

Oisin in Tir na n'Og

Les trois choses qui font un médecin: une guérison complète, une réputation sans tache, un examen sans douleur.

Triade Irlandaise

Celui qui saisit la toison du loup
sans avoir de lance à la main
Doit toujours avoir un cœur brave
sous son habit.

Le Goddodin

Près du Lac de Glasfryn, est la bien nommée Ffynnon Grassi. Dans l'ancien temps, ce fut un puits enchanté. Le devoir de Grassi était de garder le puits couvert. Un soir elle oublia, et l'eau jaillit. Elle finit par inonder l'un des cercles de danse des fées, et elle s'arrêta de s'écouler, mais pas avant que le Lac de Glasfryn ne fût formé. Grassi, écrasée de remords, allait et venait, se tordant les mains et pleurant. Les fées la changèrent en cygne. Sous cette forme, elle hanta le lac de nombreuses années, et les fées lui permirent de reprendre sa forme humaine. On peut voir encore, certaines nuits, une dame allant et venant sur la haute terre, pleurant et se lamentant. Si elle n'est pas Grassi, qui est-elle?

W. Jenkyn Thomas

Un pays sans langage est un pays sans cœur.

Proverbe Gallois

Ne vois pas ce que tu vois
N'entends pas ce que tu entends
Ne dis pas ce que tu sais
de Cough a na Looba

Vers contre les Fées

La truie de Dallwaran Dallbenn
vint creuser la terre, aussi loin que
le Promontoire de Penwedic
en Kernyw
puis mit le cap sur la mer...

A Maes Gweis en Gwent elle
lança trois grains de blé et
trois abeilles, et depuis Gwent
a les meilleurs blés et abeilles.

De Gwent elle procéda à
Dyfed et jeta un grain d'orge
et un porc gras, et depuis Dyfed
a les orges et cochons les meilleurs...

Après elle alla à Arfon
et a Llyen elle lança un grain
de seigle, et depuis Llyen et
Eifionydd ont le seigle le meilleur...'

La Triade de la Truie

Le blé est dans l'affamé et
tout est bien
Vous ne saurez jamais quel
moissonneur
était le premier ou le dernier.

Proverbe de l'île de Man

Devine ce qui est sur toi,
et que tu ne sens pas sur toi;
ce ne sont pas tes os, ce ne sont pas
tes cheveux;
ce ne sont pas tes mèches.
Réponse: un nom d'homme.

Devinette de l'île de Man

Acteon ego sum
dominum cognoscite vestrum

n̄ debet ab hostio rec

nem brachiū sui cū ug

re ī longitudi
sue ianitorem.

si
di
ō
nū
p
re
e
a
a
a
s

L'amour des amants, comme le flux
L'amour des errants, comme le vent sur un rocher
L'amour des hommes mariés, comme un navire faisant voile vers le port.

Proverbe Gélique

Une colline verte loin de moi,
Nue désolée quand je la gravis.

Proverbe de l'île de Man

On leur montra une île merveilleuse, et sur elle un grand verger d'une grande beauté avec une multitude de pommes... Un ruisselet de vin étincelant coulait au milieu du bois; et là où le vent soufflait à travers les arbres, le murmure qu'il faisait était plus doux que toute musique. Les O'Corras mangèrent des pommes et burent au ruisselet de vin et furent immédiatement rassasiés. Et depuis lors, ils n'eurent plus ni blessures ni maladies.

Le Voyage des O'Corras

Barde principal coutumier d'Elphin, je suis
Mon pays d'origine est le pays des Chérubins
Jean le Magicien m'a appelé Merlin
Mais maintenant tous les rois
m'appellent Taliesin
J'ai reçu l'inspiration
du chaudron de Ceridwen
Je fus parmi les harpistes de Léon Lychlyn
Je fus avec Gwynfryn à la cour de Cynfelyn
Au pilori et dans les fers un jour et une année

Je devins fameux au pays de la Trinité
Et je fus prophète dans l'univers entier
Et je le serai jusqu'au Jugement
sur la face de la terre
Et personne ne sait si ma chair
est viande ou poisson
Je fus près de neuf mois
dans le ventre de Ceridwen la sorcière
Je fus dans le passé Gwion Bach
mais Taliesin je suis à présent.

Hanes Taliesin
XVIe s.

Comme un aveugle traversant une haie
Ou marchant sur des pentes rocheuses
Comme l'aboiement d'un chien dans un jardin vide
Est le savoir pour l'ignorant.

Proverbe gaélique

Comme une loutre
à l'embouchure de la rivière
Comme un faucon
pour un oiseau de la lande
Comme un chien pour un chat
Comme un chat pour une souris
Est la femme du fils pour sa belle-mère.

Proverbe gaélique

Délices les plus fins - Un amour pur pour une jeune fille, blanche comme craie, belle et douce, gracieuse et majestueuse.

L'amour pour la dame belle et noble, me consume nuit et jour.

Ariethiau Pros
XVIè s.

Trois choses qui inspirent le poète:
Un œil pour voir le monde avec clarté
Un cœur qui sent avec sincérité
Et le courage de rendre loyalement.

Triade Bardique

Trois choses sont à jamais froides:
Le nez d'un lévrier, une fente dans la pierre
Et le foyer d'un miséreux.

Proverbe gallois

Les trois fonctions du langage:
réciter, discuter, et raconter.

Adage bardique

Qu'est-ce que l'homme, comparé à ceci,
sinon brume légère
Et fumée et brouillard et herbe et honte
Une herbe fragile, un parfum et des roses
Un roseau tremblant, et vent et écume.

Cofiwch Angau

Votre petit livre n'est pas perdu,
Il est dans la mer par dix-huit brasses de fond,
Dans la bouche d'un poisson qui le garde.
Seulement trois pages sont abîmées,
L'une par l'eau, l'autre par le sang,
Et l'une encore par les pleurs de mes yeux.

Ballade Bretonne

Hélas, qu'est misérable et lugubre la prophétie
de la lignée de Troy,
Un serpent lové orgueilleux, sans merci, avec des
ailes dorées de Germanie,
Conquerra Lloegr et Prydein, des rives de
Scandinavie à la Severn

Les Britons seront là comme prisonniers, étrangers
en statut aux Saxons
Leur Seigneur ils loueront
Leur langage ils préserveront
Leur terre ils perdront, sauf les Galles sauvages,
Jusqu'à ce que vienne un certain temps après longue
pénitence
Où les deux peuples fiers seront pareils.
Alors la Bretagne recevra sa terre et sa couronne et
les peuples étrangers disparaîtront
Et les paroles de l'ange de la paix et de la guerre
Seront inviolables au sujet de la Bretagne.

Hanes Taliesin
XVIè s

camera reg. Hospit hostiarii a
tiarii camere: est domus portarii
Penteylu debet hre anell
in hospitio suo

nayr & altam medietate ky

ni filiū ul' filiā n̄ hūit : toca

iam ei rex habeat excepto .

in orde . De auib; & de nidi

Squis nidū accipitis abst

La fin de tout bateau, son naufrage
La fin de tout four, son incendie
La fin d'un seigneur, son démérite
La fin de la santé est un soupir.

Proverbe Gaélique

Quelle est la meilleure chose
qu'ait un homme?
Une vie égale
juste et brave.

Proverbe Gaélique

Le loch n'est pas alourdi par le canard
sauvage qu'il porte
Le cheval n'est pas trop alourdi
par la bride
Le mouton n'est pas alourdi par sa laine
Et le corps n'est pas alourdi
par son intelligence.

Proverbe Gaélique

Le soir près du feu mon père revient vers moi.
Les choses que nous avons faites ensemble, et moi-
même souvent
Méchant. Son aimable gentillesse se fraie jusqu'à
moi
Une voie spectrale et abrite mon cœur sous ses
fières et simples ailes.

Quand la grande vacuité l'a englouti au delà du
vide,
Il n'a pas réalisé qu'il resterait en moi malgré un
départ si définitif.
Et qu'il darderait dans mon crâne quand je suis chez
moi à me reposer
Le soir près du feu avec ses pieds sur le plateau de
mon esprit.

Derrière le dos du monde, le soir près du feu
Son amour descend sur moi. Je le vois revenir.

Il entre dans mes veines pour créer leur pouvoir
Pour briller sur mon souvenir des jours qui furent si chers.
Et moi aussi je m'aventure dans le soir de quelque jour
Vers le foyer où tout est lié,
La réserve où sont entreposées toutes les choses aimées.

BOBI JONES
In the Evening

L'oisiveté est la louange de l'épée
Et la rouille son honneur

Welsh Englyn

Bendegeidvran vint au pays, et la flotte avec lui par la berge de la rivière. 'Seigneur', dirent ses lieutenants, 'Connais-tu la nature de cette rivière que rien ne peut traverser, et qui n'a pas de pont qui la traverse? Quel est', dirent-ils, 'le conseil que tu donnes au sujet du pont?' 'Il n'y en a aucun', dit-il, 'sauf que celui qui veut être chef, qu'il soit un pont. Je le serai', dit-il. Et c'est là que cette maxime a été pour la première fois proférée, et elle sert toujours de proverbe. Et quand il s'allongea en travers de la rivière, on courut sur lui, et l'armée traversa ainsi.

Les Quatre Branches du Mabinogi

Il n'est ni tertre ni butte
Ni petite colline herbeuse et
dorée
Qui ne soit parfois malheureuse
et parfois sombre et apeurée

Dicton Gaélique

O Cormac, petit-fils de Conn', dit
Carbery,
'Quelle est la chose la plus douce que tu as
jamais entendue?'
'Pas dur à dire', dit Cornac.
'Le cri de triomphe après la victoire.
La louange après les gages.
L'invitation d'une dame à venir sur son
oreiller.'

Les Instructions du Roi Cormac

Trois fois l'âge d'un chien,
l'âge d'un cheval
Trois fois l'âge d'un cheval,
l'âge d'un homme
Trois fois l'âge d'un homme,
l'âge d'un cerf
Trois fois l'âge d'un cerf,
l'âge d'un aigle
Trois fois l'âge d'un aigle;
l'âge d'un chêne.

Proverbe Gaélique

Celui qui vient le soir du samedi
Et s'en va le matin du lundi
Pour l'aide qu'il va me fournir
Je préférerais qu'il reste chez lui.

Proverbe Gaélique

Cela apprend à distinguer entre la vérité et l'erreur et explique une phrase sans difficulté si elle est obscure.

Cela apprend à connaître les événements présents et futurs, bons et mauvais. Et quiconque est versé en cela saura, dans la poursuite de ses activités, ce qui pourra lui arriver. Et s'il lui advient de voir deux armées prêtes à se combattre, il saura avant la bataille quelle est celle qui vaincra; et grâce à cet art, les empereurs de Rome savaient comment leurs hommes voyageaient aux bornes de la terre s'ils étaient envoyés.

Dialectique et Astrologie tirées
des Sept Arts Libéraux
XVIè s

REMERCIEMENTS ET SOURCES

Nous avons fait notre possible pour obtenir les autorisations de reproduire les passages sous copyright, mais s'il y a des erreurs ou des omissions à ce sujet, l'éditeur prie de bien vouloir l'en excuser, et fera les rectifications qui s'imposent dans la prochaine édition. Toutes les traductions pour lesquelles nous n'avons pas indiqué le nom du traducteur sont de moi. Je voudrais remercier le Professeur Bobi Jones d'avoir eu l'amabilité de me permettre de traduire son poème, le Professeur MacIness et le Professeur B. F. Roberts pour leurs traductions. Je voudrais aussi exprimer mes remerciements à *University Wales Press*, à *CMCA Publications*, et à *Folklore Society* pour leur aimable autorisation de reproduction et d'adaptation de certains textes.

pp. 7, 8, 26, 32: *Hanes Taliesin*, tiré de la Chronique d'Elis Gruffudd.

pp. 11: *The Secret Commonwealth*, Robert Kirk, The Folklore Society, 1976.

p. 9: Triade Bardique, tirée de l'édition de Charlotte Guest de *The Mabinogion.*

p. 10: Tiré de *The Dream of Rhonabwy*, in traduction de Charlotte Guest de *The Mabinogion.*

p. 31: *Cofiwch Angau* (Memento Mori), par Y Ficar Pritchard.
p. 31: 'Gwerz Skolan', in *Breton Ballads*, Mary-Ann Constantine, CMCS Publications, Aberystwyth, 1996.
p. 38: *In The Evening*, par Bobi Jones.
p. 40: Welsh Englyn, in war memorials
p. 41: in *Branwen Daughter of Llyr*, cité dans la traduction du *The Mabinogion* par Charlotte Guest's.
p. 42: 'The Instructions of King Cormac', in *Selections of Ancient Irish Poetry* traduit par Kuno Meyer.

p. 12: Invocation de Iolo Morgangw pour les cérémonies de Gorsedd qui ouvrent l'Eisteddfod (festival gallois de poésie et de musique) au Pays de Galles.
p.14: In *The Goddodin.* - 'La Triade d'Irlande', in *Selection of Ancient Irish Poetry*, traduite par Kuro Meyer.
p. 15: 'Le Puits de Grâce' in *The Welsh Fairy Book*, W. Jenkyn Thomas, University of Wales Press, 1995.
p. 17: Proverbe traditionnel gallois. - In *Myths and Folklore of Ireland*, réunis par Jeremiah Curtin au XIXè s. - Traduction par John Rhys de 'Triade Celtique', in *Celtic Folklore, Welsh and Manx.* - In *Fairy Legends and Traditions of the South of Ireland*, réunies par T. Crofton Croker.
p.20: William Cashen, *Manx Folklore.*
p.25: 'Le Voyage des O'Corras', de P.W.Joyce, *Old Celtic Romances.*
pp. 24, 30: In *Welsh Proverbs with English Translations*, Henry Halford Vaughan, 1889. Nouvelle traduction de J. Wood.
p. 25: A.W. Moore, *The Folklore of the Isle of Man.*
pp. 28, 36, 37, 39, 42, 43: Proverbes gaéliques traditionnels, traduits par John MacIness.
p. 29: In *Daffyd Macliennyd's Choicest Delights*, traduit par B.F. Roberts.

Dans la même collection

Le Petit Livre de la Sagesse Égyptienne

Le Petit Livre de la Sagesse Chinoise

Le Petit Livre de la Sagesse Bouddhiste

LE

Petit Livre

— DE —

LA SAGESSE CELTIQUE